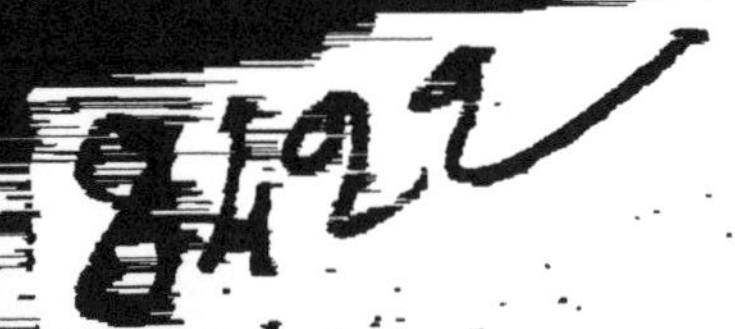

PREMIÈRES LEÇONS
DE
LECTURE COURANTE

PAR A. AULARD
Inspecteur d'Académie
Chevalier de la Légion d'honneur

OUVRAGE COURONNÉ
par la Société pour l'instruction élémentaire

NOUVELLE ÉDITION

PARIS
LIBRAIRIE DE L. HACHETTE ET Cie
BOULEVARD SAINT-GERMAIN, N° 77

PREMIÈRES LEÇONS

DE

LECTURE COURANTE

OUVRAGES DU MÊME AUTEUR

PUBLIÉS PAR LA MÊME LIBRAIRIE

Deuxièmes Leçons de lecture courante. 1 volume in-18, cartonné. 50 cent.

Troisièmes Leçons de lecture courante. 1 volume in-18, sous presse.

Imprimerie générale de Ch. Lahure, rue de Fleurus, 9, à Paris.

PREMIÈRES LEÇONS

DE

LECTURE COURANTE

PAR A. AULARD

Inspecteur d'Académie

OUVRAGE COURONNÉ

par la Société pour l'instruction élémentaire

NOUVELLE ÉDITION

PARIS

LIBRAIRIE DE L. HACHETTE ET Cie

BOULEVARD SAINT-GERMAIN, N° 77

1869

PRÉFACE.

Nous avons un grand nombre de livres de lecture courante à l'usage des élèves de nos écoles ; plusieurs sont bien faits, quelques-uns même sont excellents. Mais ce qui manque à presque tous, c'est d'être gradués et mis à la portée de ces jeunes intelligences encore vides d'idées.

Les enfants s'habituent à lire sans comprendre, et le maître se tient pour satisfait quand il a obtenu une assez bonne lecture matérielle. Cependant, la lecture matérielle n'est rien ou presque rien, si elle n'est complétée par la lecture intelligente et raisonnée.

Je m'explique. Je veux qu'après avoir lu un paragraphe, l'écolier en rende compte et fasse voir qu'il a saisi l'enchaînement des pensées. Je veux plus encore, et c'est là un des exercices les plus utiles et les plus négligés, je veux m'assurer qu'il a une idée exacte du sens de chaque mot.

Voici une phrase : « La mère était

aveugle sur le *mérite* de son fils. » Que signifie *aveugle?* Que signifie *mérite?*

Il faut que le maître interroge un écolier, puis un autre, et ainsi de suite, jusqu'à ce qu'il ait obtenu une réponse à peu près satisfaisante. Il ne donnera lui-même l'explication que lorsqu'il se sera assuré qu'aucun d'eux ne la peut trouver.

J'estime qu'à l'aide de ces interrogations, la somme des idées acquises s'augmentant rapidement, les enfants arriveront, comme en se jouant, à comprendre et à expliquer tous les mots. Ils prendront goût à ces questions; ils se piqueront d'émulation pour y bien répondre et la classe aura une animation, un entrain qui ne se rencontre jamais dans l'exercice de la lecture purement matérielle.

Il est bien entendu que la leçon de lecture doit être préparée par le maître comme une autre leçon, peut-être avec un soin plus grand encore. Qu'il étudie son texte, qu'il examine attentivement quels sont les mots qui peuvent être expliqués et quels sont ceux qui ne sauraient l'être, parce qu'ils expriment une idée trop simple ou trop abstraite; qu'il cherche les équivalents et les synonymes, etc.

C'est un surcroît de besogne que nous lui imposons ; mais il s'apercevra bien vite qu'aucun travail n'est plus profitable pour sa classe et pour lui-même. La dictée, la rédaction, l'intelligence des autres leçons orales sont singulièrement facilitées par la lecture raisonnée. Au bout de peu de temps, les enfants ont une ouverture d'esprit, si je puis parler ainsi, qui les rend capables de tout comprendre. Ils savent ce qu'ils disent et ne se payent plus de mots. Il y a bien des personnes d'un âge mûr qui n'en sont pas arrivées là.

Le petit livre que nous publions a

été composé pour venir en aide au travail préparatoire de l'instituteur. Les textes sont gradués, et les principaux termes à expliquer sont soulignés. Le cinquième morceau de chaque série est en vers ; il est particulièrement destiné à être appris par cœur. Il faut cultiver tout à la fois l'intelligence et la mémoire des enfants.

PREMIÈRES LEÇONS
DE
LECTURE COURANTE.

I

Les Parents et l'Enfant.

Aimez bien vos parents; vous ne les aimerez jamais autant qu'ils vous aiment.

Ils sont pour vous l'*image* de la divine *Providence*.

Ils travaillent, ils *se privent*, ils *se dévouent* pour vous.

Penchés tous deux sur votre berceau, votre père et votre mère se sont dit, lorsque vous êtes né : « Dieu nous a bénis en nous donnant ce cher enfant. Montrons-nous dignes de la *noble tâche* qu'il nous a *confiée*; soyons plus laborieux et plus *économes* pour *épargner* à ce pauvre petit être les *privations* que nous avons éprouvées. »

Et ils ont prié de tout leur cœur ; et, depuis ce moment-là, ils n'ont songé qu'à vous et n'ont agi que pour vous.

II

Les Fleurs.

La campagne est *émaillée* de mille fleurs qui nous *charment* par leur *éclat* et leur *parfum*.

Elles *ornent* la terre, elles *purifient* l'air et *fournissent* de *précieux remèdes*.

Il y a de méchantes gens qui, à la vue de ce beau parterre, sont pris de je ne sais quel mauvais *sentiment*.

Ils ne cueillent pas, ils arrachent, pour le plaisir de les *détruire*, les fleurs des champs.

Gardez-vous de les imiter; respectez le Créateur dans son œuvre.

Ne faites pas comme cet écolier qui, au lieu d'aller en classe, se mit à *saccager* les coquelicots et les lavandes du sentier qui conduit au lavoir.

Il plongeait ses mains çà et là, arrachant tout.

Soudain, il pousse un cri de dou-

..

leur. Il a été mordu à la main. Le bras enfle rapidement.

Une vipère était cachée sous l'herbe.

III

L'Anon.

Les animaux de la *ferme* étaient dans le pré. L'ânon fit une gentille *cabriole*. Tous *applaudirent bruyamment*.

Ravi de son *succès*, l'ânon voulut faire un *tour* plus *admirable* encore, et essaya de marcher comme un homme; mais il retomba *lourdement*.

Voilà bien les *vaniteux*. Donnez-leur un éloge, ils sont *enivrés* de leur *mérite* et ne font que des sottises.

IV

La Famille du Laboureur.

Plus les laboureurs ont d'enfants, plus ils sont riches, car leurs enfants, dès leur plus *tendre* jeunesse, commencent à les *secourir.*

Les plus jeunes conduisent les moutons dans les pâturages; les autres, qui sont plus grands, mènent déjà les grands troupeaux; les plus âgés labourent avec leur père.

Cependant la mère de toute la famille prépare un repas *simple* à son époux et à ses chers enfants, qui doivent revenir *fatigués* du travail de la journée.

Elle a soin de traire les vaches et les brebis, et on voit couler des *ruisseaux de lait*. Elle fait un grand feu, autour duquel toute la famille *innocente* et paisible prend plaisir à chanter tout le soir en attendant le doux sommeil.

Elle prépare des fromages, des châteignes et des fruits *conservés* dans la même fraîcheur que si on venait de les cueillir.

Le berger revient avec son troupeau, et chante à la famille assemblée les nouvelles chansons qu'il a apprises dans les *hameaux* voisins. Le laboureur rentre avec la charrue ; et les bœufs fatigués marchent le cou penché, d'un pas lent et *tardif*, *malgré* l'aiguillon qui les presse.

Tous les maux du travail finissent avec la journée.

V

L'Ange gardien.

Veillez sur moi quand je m'éveille,
Bon ange, puisque Dieu l'a dit ;
Et chaque nuit quand je sommeille,
Penchez-vous sur mon petit lit.
Ayez pitié de ma *faiblesse*,
A mes côtés marchez sans cesse,
Parlez-moi le long du chemin ;
Et pendant que je vous écoute,
De peur que je ne tombe en route,
Bon ange, donnez-moi la main.

VI

Les Parents et l'Enfant.

SUITE.

Je vous ai parlé l'autre jour de vos parents; je veux vous en parler encore.

Le père est le *chef* de la famille. C'est lui qui *distribue* à chacun sa *tâche* en se réservant les plus *rudes* labeurs.

Son front est parfois *soucieux*. C'est qu'il pense à vous, à votre avenir, à votre éducation.

Il se demande comment il faut s'y prendre pour faire de son petit garçon un *honnête homme*, de sa jeune fille une femme *digne et respectée*.

Quelquefois il est un peu *embarrassé*. Il *consulte* ceux qui ont plus vécu que lui ou qui sont plus *instruits* : les vieillards, l'instituteur, le maire, le curé du village.

Il *recueille* tous les avis, et, après les avoir *pesés*, il reconnaît qu'au fond ils s'accordent tous et que le meilleur moyen d'*assurer* votre bonheur, c'est de faire de vous de bons chrétiens.

VII

Le Grillon.

Le petit grillon habite dans la cheminée. Il s'y plaît, et, lorsque le soir arrive, il annonce qu'il est là en poussant des cris joyeux.

Il a l'air de dire : « Je suis l'*âme* de votre foyer, je fais *partie* de votre famille, je vous aime, aimez-moi. »

Aimons-le donc ce petit *hôte*, doux et *inoffensif*, que Dieu nous envoie, et ne lui faisons pas de mal.

Qu'il reste près de nous ; qu'il assiste à toutes nos actions !

Et vivons si bien qu'à l'*heure dernière*, lorsque nous *comparaîtrons* devant le *juge suprême*, le petit Grillon *témoigne* pour nous.

VIII

Le Menteur.

Le menteur n'inspire de *confiance* à personne. On pense qu'il *trompe* encore lorsqu'il dit la vérité.

Ne mentez donc jamais, même pour *plaisanter* et pour faire rire.

L'été dernier un jeune garçon se baignait dans le *lac*. Habile nageur, il faisait toutes sortes de *tours*, *plongeant*, restant sous l'eau assez longtemps, revenant à la *surface* pour disparaître encore et sortir une minute après à vingt pas de là.

Chaque fois, c'était une nouvelle *invention*. Un jour, il se mit à crier en se *débattant* comme une personne qui se noie : « *Au secours!* Je suis perdu ! au secours ! »

Ses camarades accoururent, lui tendirent la main et le ramenèrent sur le bord du lac.

A peine hors de l'eau il se moqua de leur *crédulité;* il n'avait pas *couru* le moindre danger.

Le lendemain, mêmes *contorsions*, mêmes cris : « Au secours! je suis perdu ! »

Les enfants de rire et de n'y pas faire attention.

Soudain il s'enfonça sous l'eau. « Il s'amuse comme hier, dirent-ils, et va bientôt reparaître. »

Hélas ! il ne reparut pas. Il avait eu une *crampe* et s'était noyé.

IX

La Chatte et le Chien.

Une riche *veuve* avait un fils très-paresseux. Elle le *choyait* beaucoup; cependant il *dépérissait à vue d'œil.*

Le médecin fut appelé : c'était un vieil ami de la *famille;* il regarda *attentivement* l'enfant et lui parla en ces *termes :*

« Hier, la chatte de la voisine, cette belle et *indolente* chatte que tu connais, est sortie *par hasard.* Elle a vu le chien qui revenait de garder les moutons. Il *dévorait* un gros morceau de pain noir. « Que tu es heureux, dit-elle, tu as de l'*appétit!* et dors-tu bien dans ton *chenil?*

— Je dors comme je mange.

— Moi, *je n'ai goût à rien*. On me donne des *friandises*, et je n'y puis toucher ; j'ai un bon lit, et je ne puis dormir.

— J'ai ouï parler de ton mal, ma chère camarade ; tu ne fais rien. Travaille, appétit et sommeil reviendront. »

L'enfant *comprit*, travailla, et fut bientôt guéri.

X

La Goutte d'eau.

Au fond des mers s'*engloutissant*,
La goutte d'eau disait : Je ne suis rien au monde !
Souverain directeur de la machine ronde,
Pourquoi me sortir du *néant ?*
Dans ce moment

Une *huître* bâille ;
Au beau milieu de son *écaille*
Elle reçoit la goutte d'eau,
Qui s'y durcit et devint *perle fine*.
Le ciel tire souvent ce qu'on voit de plus beau
De la plus *obscure* origine.

XI

Les Parents et l'Enfant.

SUITE.

Si le père est le chef et le *protecteur* de la famille, la mère en est l'*âme*.

Le père est *obligé*, par ses *fonctions* ou ses travaux, d'aller souvent au dehors. La mère reste à la maison où tout la retient.

Les enfants sont *tellement* accoutumés à l'y voir, à l'entendre, à s *grouper* autour d'elle, que lorsqu'ell sort par hasard leur cœur *se serre*; e la maison leur semble *déserte*.

Et comment n'en serait-il pa ainsi ?

C'est la mère qui les soigne, qu prépare leur répas.

C'est la mère qui essuie leurs lar mes, qui comprend leurs petits cha grins et les *console*. C'est elle qui le endort par ses douces chansons.

C'est encore elle qui est leur pre mier *maître* et qui leur apprend parler, à prier, à aimer Dieu et à l *servir*.

Elle met tout son bonheur en eux S'ils sont bons et *dociles*, elle es joyeuse ; s'ils sont méchants et *désc béissants*, elle est triste et *verse* des pleurs.

Enfants, soyez donc *pieux* et sages pour que votre mère soit heureuse, et ne la faites jamais pleurer.

XII

Les Pauvres.

Ne *méprisons* jamais les pauvres et venons-leur en aide de bon cœur. Le bon cœur *double* le prix du bienfait.

Il peut arriver qu'un jour nous soyons, nous aussi, forcés de demander l'*aumône*. Ne serions-nous pas bien affligés si l'on nous *maltraitait* et si l'on nous repoussait *outrageusement?*

Mais, direz-vous, je ne *tendrai* jamais la main.... qui sait? Cette mère qui demande un peu de pain pour ses enfants, ce vieil aveugle qui n'a que son chien pour ami, ils ont été jeunes comme vous et comme vous ils ont dit : Je ne tendrai jamais la main !

Et cependant le *vent* de l'*adversité* a *soufflé* sur eux : la femme a perdu son mari et son travail ne suffit pas à nourrir les *orphelins* qu'il lui a laissés. Le vieillard a perdu la vue après de longues années de *labeur* et s'est vu *réduit* à la *mendicité*.

Enfants, les mêmes malheurs vous attendent peut-être.

Mais *supposons* et espérons que vous ne *subirez* pas ces douloureuses *preuves;* vous n'en êtes pas moins *obligés* d'avoir pitié du pauvre qui vous implore. C'est Dieu qui l'envoie à vous; c'est lui qui vous *tiendra compte* de votre *aumône.*

Notre Seigneur a dit : « L'amour que vous *témoignez* au pauvre, vous me le témoignez à moi-même. »

XIII

L'Épingle.

Un jeune homme *se présenta* un jour chez un riche *marchand* pour lui demander un *emploi* dans ses *magasins.*

Il était pauvrement vêtu, *timide* et sans *protecteurs*.

Le marchand lui déclara *brusquement* que toutes les places étaient prises, et le *congédia*.

Le malheureux *solliciteur* s'en allait bien triste, lorsqu'en traversant la cour il aperçut une épingle qui était entre deux pavés. Il s'arrêta pour la ramasser.

Cette épingle *fit sa fortune*.

Le marchand avait tout vu. Il jugea qu'un jeune homme si *soigneux* et si économe avait les *qualités essentielles* au *commerce* ; et le faisant rappeler, il lui confia le soin de sa *caisse*.

Quelques années plus tard, le caissier devenait le *gendre* et l'*associé* du marchand.

XIV

Le Canard et le Bœuf.

Je suis vraiment le *favori* du ciel, disait un canard qui *barbotait* au milieu d'une mare *fangeuse*. Qui peut-on me *comparer?* Je vole dans l'air comme l'oiseau; je nage dans l'eau comme le poisson; je marche sur la terre comme l'homme.

Mon *pauvre* ami, lui répondit le bœuf qui paissait dans le pré voisin, ne te *vante* pas tant. Tu peux à peine voler: au bout d'une *seconde*, tu retombes lourdement à terre; tu ne peux te tenir qu'à la *surface* de l'eau; et lorsque tu marches dans la cour, tu as un air *pataud* qui fait rire toute la *gent emplumée*. Ce qui est beau et *rare*, tu ne l'as pas. — Qu'est-ce donc ? — Ce n'est pas de faire mal beaucoup de choses, mais de bien faire ce que l'on fait.

XV

Le Fruit et la Fleur.

Un beau fruit mûr (une orange, je pense)
D'une branche *tardive examinait* la fleur.
— Que je te *plains*, ma pauvre sœur !
Que de dangers pour ton enfance !
Tu ne sais pas quel sera ton *destin*.
Je te vois de *belle espérance :*
Mais seras-tu fruit à la fin ?
— J'ai quelque temps à vivre : à peine suis-je *éclose*,
Lui dit la fleur : mon *sort* est plus *doux* que le tien.
Je *deviendrai* peut-être quelque chose ;
Bientôt tu ne seras plus rien.

XVI

Les Parents et l'Enfant.

SUITE.

Tous les hommes sont frères, car ils sont les fils de Dieu, qu'ils appellent tous : mon père !

Mais il y a un lien plus *étroit* et plus *touchant encore*, c'est celui qui unit les enfants d'une même famille.

Le même sang coule dans leurs *veines*. Ils ont grandi dans la même maison, recevant les mêmes soins, *élevés* avec la même tendresse. Ils sont les uns pour les autres des amis et des *soutiens* donnés par la nature.

Qu'ils n'oublient pas ce doux *lien!* Qu'ils ne brisent jamais cette union *sacrée!* Que le frère soit toujours bon et *indulgent* pour son frère !

Les aînés doivent protéger et guider les plus jeunes, et surtout leur donner le bon *exemple*. Les plus jeunes doivent être *déférents* pour leurs aînés et voir en eux comme une image *affaiblie* de la *puissance* paternelle.

Y a-t-il une petite sœur? les frères l'*entoureront* de leur affection et seront attentifs à la défendre.

La petite sœur aidera la mère de famille pour soigner ses frères, pour préparer leur repas et pour *raccommoder* leur linge et leurs habits.

Plus grande, elle *devinera* leurs

chagrins et saura les consoler avec cette *délicatesse* dont les femmes ont seules le *secret*.

XVII

Le Clou.

Le fermier Thomas avait sellé son cheval pour se rendre à la ville, lorsqu'il s'aperçut qu'il manquait un *clou* à l'un des *fers*.

« Ce n'est rien, pensa-t-il ; qu'*importe* un clou de plus ou de moins ? » et montant sur sa bête, il *piqua des deux*.

Au bout d'un quart d'heure, le fer se détacha. « C'est peu de chose, se dit Thomas, il marchera bien avec trois fers; d'ailleurs nous voilà tout près de la ville. »

Cependant le chemin était plein d'*aspérités* et le pauvre cheval tout *meurtri* ne marchait qu'à grand'-peine.

Soudain, deux *malfaiteurs* cachés derrière une haie s'élancent sur la route et *barrent le passage* à Thomas en lui demandant la *bourse ou la vie*.

Il essaye de s'enfuir, mais la bête *qui n'en peut plus* reste en place.

Les voleurs *dépouillèrent* le fermier et prirent sa *monture*. Thomas s'en revint tristement chez lui. « J'ai tout perdu, dit-il à sa femme, pour n'avoir pas fait attention au clou qui *manquait*. »

XVIII

Le vieux Soldat.

Respect au vieux soldat! *Saluons* en lui le *défenseur* de la patrie et la *gloire* du village.

Il a *versé* son sang sur presque tous les champs de bataille. La large *cicatrice* qui partage son front, c'est le coup de *sabre* d'un *Prussien* qui l'a faite; les doigts qui lui manquent à la main gauche, c'est une *balle russe* qui les a enlevés. Il boite *légèrement*, un *biscaïen espagnol* lui a *fracassé* la jambe.

Respect au vieux soldat! le grand

empereur l'a *décoré* de sa main et lui a dit : « Tu es un *brave!* »

Le vieux soldat aime à raconter ses *campagnes*. Écoutez-le avec *déférence*, enfants, et ne vous moquez pas s'il redit souvent la même histoire. A son âge on vit dans le passé, et on se plaît à *revenir sur de glorieux souvenirs*.

XIX

Le Torrent et la Rivière.

Un torrent formé par les pluies d'automne descendait avec *fracas* du *sommet* de la montagne.

Il aperçut une petite rivière qui coulait lentement au fond de la *vallée*.

« Place! lui cria-t-il, je suis le maître de *céans;* retire-toi. »

La rivière lui répondit sans *s'émouvoir :* « J'étais là avant toi et j'y resterai après toi. »

Il *feignit* de ne pas l'entendre et *envahit* toute la vallée.

Savez-vous ce qui arriva?

Quelques heures après, le soleil sécha le torrent, mais la petite rivière ne cessa pas de couler.

Les grosses fortunes formées en un jour s'*évanouissent* en un jour. Un *modeste avoir,* fait d'*épargnes* et sagement *administré,* ne s'épuise jamais.

XX

Les deux Voyageurs.

Le *compère* Thomas et son ami Lubin
Allaient à pied tous deux à la ville *prochaine*.
Thomas trouve sur son chemin
Une bourse de *louis* pleine,
Il l'*empoche* aussitôt. Lubin, d'un air content,
Lui dit : Pour nous la bonne *aubaine!*
Non, répond Thomas froidement,
Pour nous n'est pas bien dit, *pour moi* c'est [*différent*.
Lubin ne *souffle* plus ; mais, en quittant la plaine
Ils trouvent des voleurs cachés au bois voisin.
Thomas tremblant, et *non sans cause*,
Dit : Nous sommes *perdus!* Non, lui répond Lubin,
Nous n'est pas le *vrai* mot, mais *toi* c'est autre [choso
Cela dit, il s'*échappe* à travers les *taillis*.

Immobile de peur, Thomas est bientôt pris ;
Il tire la bourse et la donne.

Qui ne *songe* qu'à soi, quand *la fortune* est bonne,
Dans le malheur n'a point d'amis.

XXI

Le Maître.

Enfants, je vous l'ai déjà dit, vous devez aimer de tout votre cœur votre père et votre mère ; ils sont les *représentants* de Dieu, et leur *dévouement* est l'image visible de la Providence.

Mais il y a un autre dévouement, qui n'est ni moins beau, ni moins *efficace*, c'est celui de votre maître.

Il fait ce que vos parents, occupés

ailleurs, ne pourraient pas toujours faire : il vous instruit, il *cultive* votre intelligence, il fait *germer* les semences de vertu que Dieu a *déposées* en vous.

Il vous donne tous ses soins, il vous *consacre* toute sa vie, il ne connaît de plaisir que celui de vous être utile ; en un mot, il vous aime, et son affection lui *donne le droit* de vous appeler ses enfants.

Ayez donc pour lui un *attachement filial*, et ne l'oubliez pas, lorsque vous aurez quitté l'école.

On a peu d'*estime* et de *sympathie* pour un jeune homme qui, quelques années après sa sortie, *ne connaît plus* son maître et passe près de lui sans le saluer.

C'est un *ingrat* qui *renie* son second père et qui, en *certaines circonstances*, pourrait bien renier ses parents eux-mêmes.

Ne l'*imitez* point, faites plutôt comme ce jeune soldat dont on parlait l'autre jour dans le *Moniteur*. Il avait obtenu la *croix* pour avoir sauvé la vie à son *général*. De retour au village, il courut de la maison paternelle chez le curé et l'instituteur, et leur dit : « Embrassez votre enfant, et soyez *fiers* de cette croix ; c'est vous qui m'avez appris à la *mériter*. »

XXII

La Prévoyance.

« Allons dans l'*enclos*, dit Juliette à ses deux petites amies ; nous cueillerons des fleurs pour faire des couronnes et des *bouquets*, puis nous *élèverons* une petite chapelle à la Vierge.

— Allons dans l'enclos, » répondirent Claire et Marie. « Mais, dit Juliette, le temps est un peu *couvert ;* il pleuvra peut-être, prenons nos parapluies. Maman m'a bien *recommandé* de ne pas me mouiller... — Il ne pleuvra pas, et puis qu'est-ce qu'un peu d'eau? Les parapluies sont trop *gênants*, on ne peut ni courir, ni danser. »

Claire et Marie, en disant ces mots, s'élancèrent dans l'enclos.

Mais Juliette obéit aux conseils de sa mère; elle prit son parapluie. Vous allez voir qu'elle eut bien raison.

Au bout d'un instant, le ciel se *couvrit tout à fait* et l'eau *tomba à torrents*. La belle *toilette* du dimanche de mesdemoiselles Claire et Marie était perdue, si Juliette, qui était aussi bonne que sage, ne les eût *abritées* sous ce parapluie qui ne devait servir à rien, et qu'il était si ennuyeux d'emporter.

XXIII

Le Gourmand.

Jeannot est bien malade : Savez-vous pourquoi ?

Le médecin est sorti en secouant la tête ; il a *déclaré* que si la fièvre ne s'arrêtait pas ce soir, *c'en était fait* de Jeannot.

Le mal du pauvre Jeannot vient de la gourmandise. Il *fait main basse* sur ce qu'il rencontre. Confitures, gâteaux, fruits mûrs, fruits verts, le petit *glouton* dévore tout.

Avant-hier, sa mère est allée à la ville. Elle lui a donné une belle tartine de beurre en lui *recommandant* de ne toucher à rien.

« Mon enfant, il y a beaucoup de dyssenteries dans le canton, *occasionnées* par les chaleurs et par les fruits qui ne sont pas sains, prends-y garde. »

Sa mère partie, Jeannot ne s'est plus souvenu du bon conseil.

Il a grimpé sur une chaise et pris le pot de *raisiné* qu'il a laissé à moitié vide, puis il a ramassé dans le *verger* une douzaine de pommes piquées par les vers et qui n'étaient pas même arrivées à toute leur grosseur, et les a mangées *précipitamment*.

Deux heures après, il se *tordait* sur son lit, et *sa vie était en danger*.

XXIV

Le Paysan et la Cigogne.

Un paysan avait pris dans ses filets des oiseaux qui dévoraient son blé.

Il y avait parmi eux une cigogne. Elle *demanda grâce* en disant : « *Épargnez-moi ;* je ne suis pas un de ces méchants oiseaux qui *ravagent* vos moissons. Mon plumage vous le dit : je suis la cigogne, le plus *pieux* des animaux. Je nourris mon père dans sa vieillesse, et le soigne, lorsqu'il est malade. »

Le paysan répondit : « J'*ignore* comment tu vis, mais ce que je ne puis ignorer, c'est que je t'ai rencontrée au milieu de mes ennemis ; puisque tu as été prise avec eux, meurs avec eux. »

Enfants, retenez-bien cette leçon ; si vous *fréquentez* les méchants, on vous *détestera*, on vous *traquera* comme eux, *n'eussiez-vous pris aucune part* à leurs mauvaises actions.

XXV

Le Corbeau et le Renard.

Maître corbeau, sur un arbre *perché*,
Tenait en son bec un fromage ;
Maître renard, par l'odeur *alléché*,
Lui tint à peu près ce langage :

..

Hé! bonjour, *monsieur du corbeau!*
Que vous êtes joli! que vous me semblez beau!
Sans mentir, si votre *ramage*
Se *rapporte* à votre plumage,
Vous êtes le *phénix* des *hôtes* de ces bois.
A ces mots, le corbeau ne se sent pas de joie.
Et, pour montrer sa belle voix,
Il ouvre un large bec, laisse tomber sa *proie;*
Le renard s'en saisit et dit : Mon bon monsieur,
Apprenez que tout *flatteur*
Vit *aux dépens* de celui qui l'écoute :
Cette leçon vaut bien un fromage, sans doute.
Le corbeau, *honteux* et *confus,*
Jura, mais un peu tard, *qu'on ne l'y prendrait plus.*

XXVI

L'Église.

L'Église est la maison du bon Dieu.

Sans doute, Dieu est partout; mais c'est là que nous nous *réunissons* pour le prier; c'est là qu'il se plaît à recevoir nos *vœux* et nos *hommages ;* c'est là qu'il nous instruit par la bouche de notre *vénérable* curé.

C'est là encore que s'*accomplissent* les plus grands *événements* de notre vie : le baptême, la première communion, le mariage, la *cérémonie funèbre*.

Entrez avec respect dans ce lieu saint. Que tout dans votre *maintien* et dans votre *physionomie* montre que vous vous sentez en présence du Seigneur.

Dites-lui : « Mon Dieu, je suis un petit enfant qui vient à vous, qui vous offre son cœur, et qui serait *désolé* de vous offenser. Prenez pitié de ma faiblesse, et *soutenez* ma bonne volonté. »

XXVII

Les petits Oiseaux.

Dieu a créé les petits oiseaux pour notre *agrément* et notre *utilité*. Ils égayent la solitude des bois silencieux et *charment* nos oreilles par leurs douces chansons.

Loin de *piller* nos *récoltes*, ils les protégent en détruisant une foule d'*insectes* nuisibles aux moissons et aux fruits.

Il faut être bien méchant pour faire la guerre à ces pauvres petits oiseaux.

Leur nid est l'*image* de votre berceau ; enfants, respectez-le.

Lorsqu'on vous conseille de l'enlever, songez à votre mère et *représentez-vous* quel serait son chagrin si l'on vous emmenait loin d'elle, et si l'on vous faisait mourir.

XXVIII

L'Enfant et le Seau.

Un petit enfant à qui sa mère avait commandé d'aller chercher de l'eau à la fontaine, se mit à pleurer en disant : « Quand le *seau* sera plein, il sera trop lourd ; je ne pourrai jamais le porter !

— Mais tu ne le rempliras pas aujourd'hui, répondit la mère ; il *suffira* qu'il soit à moitié. — Et demain ? — Demain, tu mettras de l'eau jusqu'à l'*anse*. — Et après-demain ? — Après-demain tu le porteras tout plein.

— Je ne pourrai jamais, » répéta l'enfant.

La bonne mère prit son enfant sur ses genoux et lui dit : « Il y avait une fois un homme qui portait un bœuf.... — Un bœuf, maman, un gros bœuf? — Un gros bœuf. — Est-ce *possible*? comment pouvait-il le porter?

— Voici comment il y était arrivé. Le bœuf à sa naissance était un petit veau qui ne pesait *guère plus* que notre chien de *garde*. L'homme n'eut pas de peine à le mettre sur ses épaules.

Le lendemain et les jours suivants, il le portait sans difficulté et sans *s'apercevoir* que l'animal *devenait* plus *lourd*....

— Je *comprends*, maman ! je comprends ! je vais bien vite à la fontaine et dans trois jours j'apporterai le seau tout plein. »

XXIX

C'est le cœur qui fait tout.

Un roi d'Espagne avait fait une guerre *malheureuse;* son trésor était *épuisé;* son fils était dans les mains des ennemis, et il fallait payer *sa rançon.*

Il demanda à ses *sujets* de lui venir en aide.

Ceux qui recueillaient les *souscriptions* frappèrent à la porte d'une chaumière habitée par une pauvre femme qui vivait d'aumônes.

« Le fils du roi est *prisonnier*, s'écria-t-elle, il faut le *délivrer.* » Elle arracha de son doigt un anneau d'argent tout usé.

« Voilà tout ce que j'ai, prenez-le. » On rit du présent ; l'anneau ne valait pas dix sous.

Quelque temps après, le roi remporta une grande victoire et délivra son fils. Son premier soin fut de témoigner sa *gratitude* à ceux qui avaient *pris part* à sa peine.

Les *courtisans* s'attendaient à recevoir les premières et les plus grandes *largesses*. Leur *attente* fut trompée.

Il fit venir la pauvre femme et la *combla* de *présents*. Comme elle s'*excusait* en songeant à son *humble offrande :* « Je sais, lui dit-il, ce que vous avez donné, mais c'est le cœur qui fait tout. »

XXX

La Feuille.

De ta *tige* détachée,
Pauvre feuille *desséchée*,
Où vas-tu ? — Je n'en sais rien !
L'*orage* a brisé le chêne
Qui seul était mon *soutien*.
De son *inconstante haleine*,
Le *Zéphyr* ou l'*Aquilon*
Depuis ce jour me promène
De la forêt à la plaine,
De la montagne au *vallon*.
Je vais où le vent me mène,
Sans *me plaindre* ou m'*effrayer*,
Je vais où va toute chose,
Où va la feuille de rose
Et la feuille du laurier.

XXXI

M. le Curé.

Enfants, je ne vous ai pas encore parlé de l'un de vos meilleurs amis, de celui que Dieu a *désigné* pour *achever* la grande œuvre de votre *éducation* et pour vous instruire des vérités de la *religion*.

C'est lui, c'est ce digne prêtre qui vous a bénis à votre *venue* dans ce monde. Et depuis ce moment-là il ne vous a pas *perdus de vue*.

Aimez-le et *vénérez-le*.

Il est le *confident* de nos fautes Il *guérit* nos *remords* par la *péni-*

tence ; il *plaide* notre *cause* auprès du *Juge suprême.*

Indulgent, désintéressé, tout aux autres, sa vie se passe à visiter les malades, à consoler les affligés et à prier pour ceux qui ont quitté la terre.

Sa plus douce joie, c'est d'être parmi vous, c'est de vous appeler à lui, comme le faisait notre divin *Maître.*

Il aime à visiter l'école ; il *applaudit* aux efforts du maître et aux *succès* des écoliers.

XXXII

Le Dénicheur.

C'est un *vilain* amusement que de dénicher des oiseaux. On fait le mal *uniquement* pour mal faire, puisque les petits, qu'ils soient encore enfermés dans la coquille de l'œuf, ou qu'ils soient *éclos*, ne peuvent vivre loin de leur père et de leur mère.

C'est aussi un amusement *dangereux:* on marche difficilement sur la toiture; les branches de l'arbre se brisent quelquefois et le petit voleur *expie* sa méchanceté.

C'est ce qui est arrivé l'autre jour

au jeune André. Ayant aperçu un nid d'hirondelles au sommet de la grange, il a pris une échelle et s'est mis à grimper.

La vache est sortie *brusquement* de l'étable, a renversé l'échelle et le *maraudeur*.

L'enfant a une jambe cassée; il sera boiteux toute sa vie.

XXXIII

La Pierre.

Un homme riche et un *journalier* se *querellaient à propos* de je ne sais quoi.

Dans sa fureur, le riche prit une

pierre et la jeta à la tête de son *adversaire.*

Celui-ci la ramassa et la serra dans sa poche en murmurant : « Méchant homme, un jour viendra où cette pierre *causera* ta mort. »

Quelques années s'écoulèrent. Ayant *dissipé* sa fortune dans le *luxe* et les plaisirs de la *vanité*, le riche était devenu un *mendiant.*

Il s'arrêta un jour devant la porte du pauvre pour lui demander l'aumône. « Voilà l'heure de la *vengeance!* s'écria le journalier; je vais chercher ma pierre, et je frapperai ce *misérable*..... »

Mais soudain il s'arrêta ; il pensa que, s'il est bien mal de se *venger* de son ennemi, lorsqu'il est riche et puissant, il est plus mal encore de le frapper, lorsqu'il est pauvre et *abattu*, et que la seule vengeance permise à un honnête homme, c'est de rendre le bien pour le mal.

Il fit entrer le *mendiant* et partagea son pain avec lui.

XXXIV

La petite rapporteuse.

Pierrette a un *vilain défaut :* elle *rapporte* tout ce qu'on dit devant elle ; elle *exagère* même ce qu'elle a entendu.

On le sait, et *on la fuit*. Quand elle est dans une maison, chacun se tait et attend pour parler qu'elle soit partie. On craint qu'elle ne *dénature* les *propos* les plus *insignifiants*.

Alors Pierrette se cache derrière la porte, et écoute.

L'autre jour, le médecin est venu voir son petit frère qui était bien malade. Il a dit à l'oreille du père qui l'interrogeait avec *anxiété* : « L'enfant est *perdu* ! préparez votre femme à ce *rude coup*. »

Pierrette, qui avait tout entendu, s'est *précipitée* dans la chambre de sa mère, en criant : « Paul est perdu ! le médecin l'a dit !.... »

La pauvre mère s'est *évanouie* ; on l'a mise au lit et on *désespère de ses jours*.

XXXV

Le Laboureur et ses Enfants.

Travaillez, prenez de la peine :
C'est le *fonds* qui manque le moins.
Un riche laboureur, sentant sa mort prochaine,
Fit venir ses enfants, leur parla sans témoins.
Gardez-vous, leur dit-il, de vendre l'*héritage*
Que nous ont laissé nos parents,
Un *trésor* est caché dedans.
Je ne sais pas l'*endroit*, mais un peu de courage
Vous le fera trouver, *vous en viendrez à bout.*
Remuez votre champ dès qu'on aura fait l'*Oût;*
Creusez, fouillez, bêchez : ne laissez nulle place
Où la main ne passe et repasse.
Le père mort, les fils vous *retournent* le champ,
Deçà, delà, partout; si bien qu'au bout de l'an
Il en *rapporta* davantage.
D'argent, point de caché. Mais le père fut sage

De leur montrer avant sa mort
Que le travail est un trésor.

XXXVI

Dieu voit tout.

Dieu voit tout, mes chers enfants, et jusqu'à nos plus *secrètes* pensées.

Quelquefois, on *s'enferme* pour mal faire, on dit : « personne ne me verra. »

On oublie que toute action, même la plus cachée, a un *témoin*, un témoin auquel rien n'échappe et qui regarde au fond de notre cœur.

Craignons que ce témoin ne *devienne* un *juge*, et qu'il ne nous *condamne* avec d'autant plus de sévérité que nous avons pensé lui *échapper*.

Hier, vous avez menti à votre mère; vous avez *dérobé* les fruits du voisin; vous avez désobéi à votre maître. Vous croyez que personne ne s'en est aperçu ; *vous vous trompez :* Dieu le sait !

Une voix *intérieure*, lorsque vous allez *commettre* une mauvaise action, se fait entendre et vous crie : ne fais pas cela !

Si vous *passez outre*, elle vous dit encore : tu as mal fait, tu seras puni!

Cette voix, n'est-ce pas Dieu lui-même ?

XXXVII

Le Marron d'Inde.

Va dans notre bois et apporte des châtaignes pour le déjeuner, dit un jour la *fermière* à sa petite fille.

Jeanne, au lieu d'aller *directement* au bois, fit un détour et traversa l'allée du *château* qui est plantée de *marronniers d'Inde*.

A la vue de ces fruits plus gros et plus brillants que ceux de nos châtaigniers, elle s'arrêta *émerveillée ;* puis elle en remplit son panier et revint en courant.

« Maman, s'écria-t-elle, maman, vois ces beaux marrons ! ce n'est plus comme nos petites châtaignes.... que j'ai bien fait de ne pas aller au bois!

— Ma *pauvre* Jeanne, dit la mère, les fruits que tu apportes sont plus beaux que les nôtres, mais ils ne valent rien.

Retourne au bois, et ne te laisse plus *séduire* à l'*apparence*. »

Enfants, il y a beaucoup de gens qui sont comme le marron d'Inde.

XXXVIII

Un bienfait n'est jamais perdu.

Un petit *ramoneur* se mourait de faim; il n'avait pas trouvé de travail depuis deux jours et n'*osait* demander l'aumône. Il arriva vers le soir près de la cabane d'un pauvre laboureur du Jura, s'étendit sur quelques brins de paille et s'endormit.

Le lendemain, le paysan l'aperçut et essaya de le réveiller. Ses *efforts* furent inutiles ; le corps *engourdi* par le froid était *inerte*, le *pouls battait à peine*.

Il prit l'enfant et le porta sur son lit.

« Que faites-vous là ? dirent les fils, c'est un *vagabond*.

— Je ne sais, répondit le père, mais c'est une malheureuse *créature* qui a grand besoin de secours. Je veux faire pour lui ce que je *souhaiterais* qu'on fît pour vous dans une *détresse semblable*. »

Et réchauffant les membres du pauvre petit ramoneur, il le rappela peu à peu à la vie.

La fièvre *se déclara*. Il soigna l'enfant pendant un mois entier n'*épargnant* ni les remèdes ni les *provisions* de la cabane.

Les fils répétaient sans cesse : « vous épuisez nos *ressources*, il n'y aura bientôt plus de pain pour nous. »

XXXIX

Le Chat et les Lapins.

Un chat qui *faisait le modeste*, était entré dans une *garenne* peuplée de lapins. Aussitôt toute la *république alarmée* ne songea qu'à s'enfoncer dans ses trous. Comme le nouveau venu était *au guet* auprès d'un *terrier*, les *députés* de la *nation lapine*, qui avaient vu ses terribles griffes, *comparurent* dans l'endroit le plus étroit de l'entrée du terrier, pour lui demander ce qu'il *prétendait*. Il *protesta* d'une voix douce qu'il voulait seulement *étudier les mœurs* de la nation : qu'en qualité de *philosophe*, il allait dans tous les pays pour s'informer des coutumes de chaque *espèce* d'animaux.

Les députés, *simples* et *crédules*, retournèrent dire à leurs frères que cet étranger, si *vénérable* par son maintien modeste et par sa *majestueuse fourrure* était un philosophe *calme*, *désintéressé*, *pacifique*, qui voulait seulement *rechercher la sagesse* de pays en pays : qu'il venait de beaucoup d'autres lieux où il avait vu de grandes *merveilles ;* qu'il y aurait bien du plaisir à l'entendre, et qu'il *n'avait garde* de croquer les lapins. Ce beau discours toucha *l'assemblée*. En vain un vieux lapin *rusé*, qui était le *docteur de la troupe*, *représenta* combien ce grave philosophe lui était *suspect :* malgré lui, on va saluer le chat, qui étrangla du premier salut sept ou huit de ces pauvres gens. Les autres regagnent leurs trous bien effrayés et bien *honteux* de leur faute. Alors *dom* Mitis revint à l'entrée du terrier, *protestant*, d'un ton plein de *cordialité*, qu'il n'avait fait ce meurtre que malgré lui, pour son pressant besoin, que désormais il *vivrait* d'autres animaux et ferait avec eux une *alliancc* éternelle.

Aussitôt les lapins entrent en *négociation* avec lui, sans se mettre *néanmoins* à la portée de sa griffe. La négociation dure, on l'amuse. Cependant un lapin des plus *agiles* sort par les derrières du terrier et va avertir un berger voisin, qui aimait à prendre dans un *lacs* de ces lapins nourris de genièvre. Le berger, irrité contre ce chat *exterminateur* d'un peuple si utile, accourt au terrier avec un *arc* et des *flèches* : il aperçoit le chat, qui n'était attentif qu'à sa proie, il le perce d'une de ses flèches, et le chat *expirant* dit ces dernières paroles : « Quand on a une fois trompé, on ne peut plus être cru de personne; on est haï, craint, détesté, et on est enfin attrapé par ses *propres finesses.* »

XL

L'Enfant et le nid de Fauvettes.

Je le tiens, ce nid de fauvettes!
Ils sont deux, trois, quatre petits!
Depuis si longtemps je vous *guette;*
Pauvres oiseaux, vous voilà pris.

Criez, sifflez, petits *rebelles :*
Débattez-vous; oh! c'est en vain;
Vous n'avez pas encore d'ailes :
Comment vous sauver de ma main?

Mais quoi ! n'entends-je pas leur mère
Qui *pousse* des cris douloureux?
Oui, je le vois! oui, c'est leur père
Qui vient *voltiger* auprès d'eux.

Ah ! pourrais-je causer leur peine,
Moi qui, l'été, dans les vallons,
Venais m'endormir sous un chêne,
Au bruit de leurs douces chansons !

Hélas! si du sein de ma mère
Un méchant venait me *ravir*,
Je le sens bien, dans sa misère,
Elle n'aurait plus qu'à mourir.

Et je serais assez *barbare*
Pour vous arracher vos enfants !
Non, non, que rien ne vous sépare !
Non, les voici, je vous les rends.

Apprenez-leur, dans le *bocage*,
A voltiger auprès de vous ;
Qu'ils écoutent votre *ramage*
Pour former des sons aussi doux.

Et moi, dans la saison prochaine,
Je reviendrai dans ces vallons
Dormir quelquefois sous un chêne,
Au bruit de leurs jeunes chansons.

XLI

Les Sœurs de charité.

Il y a des jeunes filles auxquelles Dieu *inspire* le plus noble *dévouement*. Elles quittent tout, famille, pays natal, douces amitiés de l'enfance et, quelquefois, *fortune et rang élevé*, pour se *consacrer* au soin des malades.

Elles demandent à celui qui mourut pour les hommes, la *faveur* de vivre pour les pauvres et les infirmes, et lorsque le ministre du Seigneur a reçu leurs *vœux*, elles prennent la robe de *bure* et s'en vont dans les *hôpitaux*.

Là se passe leur vie, *partagée* entre les exercices de piété et les devoirs de l'*infirmière*.

Il n'est pas de plaie *hideuse* qui puisse leur inspirer du *dégoût*, pas d'*épidémie* qui les effraye, pas d'*ingratitude* qui les lasse.

Le Sauveur les a bénies et leur a donné sa force divine.

Petits enfants, saluez avec respect la bonne sœur de charité. Voyez en elle la mère de l'orphelin et la garde-malade du pauvre et du soldat.

XLII

Un bienfait n'est jamais perdu.

SUITE.

Enfin, l'enfant guérit et voulut partir.

Le paysan lui donna un morceau de pain, une *pièce blanche*, sa *dernière* pièce, et l'embrassa en lui recommandant d'être bien sage.

Ceci se passait il y a dix ans.

Il y a quelques semaines, un soldat *en garnison* à Annecy fit une chute et se cassa une jambe dans un village voisin de la ville.

Il fut recueilli par un jeune homme

qui le fit coucher dans son lit et lui *prodigua* les soins les plus *intelligents* et les plus *assidus* :

Comme le soldat s'étonnait d'un si rare dévouement dans un *inconnu* :

« Je ne fais que mon devoir, dit le paysan; vous êtes le fils de mon *bienfaiteur*. Vous lui direz que le petit ramoneur ne l'a jamais oublié. »

Le soldat revint dans sa famille et raconta ce qui s'était passé.

« Mes enfants, dit le vieillard, un bienfait n'est jamais perdu.

—Mais, s'écria le plus jeune des fils, le ramoneur pouvait être un *ingrat*. Il y a bien des ingrats en ce monde !

— Pas tant que vous croyez, mon fils ; mais y en eût-il *davantage*, il y a quelqu'un là-haut qui nous *tient compte* du bien que nous avons fait en son nom et qui se montre toujours *reconnaissant.* »

XLIII

Le Lièvre et la Tortue.

Un jour, le lièvre dit à la tortue : « Tu es une paresseuse, tu vas si lentement qu'on croirait que tu ne *bouges* pas.

— Mon ami, répondit la tortue, je vais aussi vite que je puis et plus vite que bien des gens, plus vite que toi, par exemple. *Gageons* que j'arriverai avant toi à ce *tertre* qui est là-bas ; donne-moi seulement dix pas d'avance. »

Le lièvre accepte le *pari.*

On part.

Notre lièvre ne se presse point. Il s'amuse à brouter l'herbe, à s'étendre au soleil, à jouer avec les mouches qui volent. Il a *du temps devant lui;* il est sûr d'arriver avant ce pauvre animal, lourd et lent, *qui porte sa maison sur son dos.*

Dame tortue allait toujours et approchait.

Soudain le lièvre s'en aperçoit; il *bondit* et court *à perdre haleine.*

Il arrive enfin, mais la tortue était déjà au but.

Enfants, cette fable vous *regarde.* Il en est parmi vous qui se *fient* à leur *facilité* et ne font aucun *effort* pour apprendre; d'autres, plus modestes, travaillent *assidûment*, et, quand l'année est finie, ont *dépassé* leurs camarades qui croyaient avoir beaucoup plus d'esprit qu'eux.

XLIV

Le Loup et le jeune Mouton.

Des moutons étaient *en sûreté* dans leur *parc ;* les chiens dormaient ; et le berger, à l'ombre d'un grand ormeau, jouait de la flûte avec d'autres bergers voisins. Un loup *affamé* vint, par les fentes de l'*enceinte*, *reconnaître* l'*état* du troupeau.

Un jeune mouton *sans expérience*, et qui n'avait jamais rien vu, *entra en conversation* avec lui : « Que venez-vous chercher ici ? dit-il au *glouton.* — L'herbe *tendre* et fleurie, lui répondit le loup. Vous savez que rien n'est plus doux que de paître dans une prairie *émaillée* de fleurs, pour apaiser sa faim, et d'aller éteindre sa soif dans un clair ruisseau : j'ai trouvé ici l'un et l'autre. Que faut-il davantage ? J'aime la *philosophie* qui enseigne à se contenter de peu.

— Est-il donc vrai, repartit le jeune mouton, que vous ne mangez point la chair des animaux et qu'un peu d'herbe vous *suffit ?* Si cela est, vivons comme frères, et *paissons* ensemble. » Aussitôt le mouton sort du parc dans la prairie, où le *sobre* philosophe le mit en pièces et l'avala.

Défiez-vous des belles paroles des gens qui se vantent d'être vertueux. Jugez-en par leurs actions et non par leurs discours.

XLV

Le Danseur de corde et le Balancier.

Sur la corde tendue, un jeune *voltigeur*
Apprenait à danser : et déjà son adresse,
Ses tours de force, de *souplesse*,
Faisaient venir *maint spectateur*.
Sur son étroit chemin on le voit qui s'avance,
Le *balancier* en main, l'*air libre*, le corps droit,
Hardi, léger autant qu'adroit ;
Il s'élève, descend, va, vient, plus haut s'élance,
Retombe, remonte *en cadence*,
Et, semblable à certains oiseaux
Qui *rasent* en volant la *surface* des eaux,
Son pied touche sans qu'on le voie

A la corde qui plie et dans l'air le renvoie.
Notre jeune danseur, tout *fier de son talent*,
Dit un jour : A quoi bon ce balancier pesant
Qui me fatigue et m'embarrasse ?
Si je dansais sans lui, j'aurais bien plus de *grâce*,
De force et de légèreté.
Aussitôt fait que dit. Le balancier jeté,
Notre *étourdi* chancelle, étend les bras et tombe.
Il se casse le nez, et tout le monde en rit.

Jeunes gens, jeunes gens, ne vous a-t-on pas dit
Que sans règle et sans *frein* tôt ou tard on suc-
La vertu, la raison, les *lois*, l'*autorité*, [combe !
Dans nos désirs *fougueux*, vous causent quelque
C'est le balancier qui vous gêne, [peine ;
Mais qui fait votre *sûreté*.

XLVI

La Paresse.

La paresse est la mère de tous les

vices. Cette vérité *est passée en proverbe*. Personne ne la *conteste*, *excepté* les écoliers paresseux.

Un enfant n'a pas fait son devoir ou n'a pas appris sa leçon. Son premier soin est d'*imaginer* une *raison* qui *explique* sa négligence : Il n'a pas eu le temps ou il a été malade.

Il *se tire* deux ou trois fois *d'affaire*, grâce à cette *invention*. Mais l'instituteur s'aperçoit bien vite qu'il est trompé ; il gronde et punit.

Alors l'enfant évite d'aller en classe. Il fait ce qu'on appelle l'*école buissonnière* et trompe tout à la fois ses parents et son maître.

Mais que faire durant trois heures, lorsqu'on est *abandonné à soi-même*, seul ou avec quelques autres enfants *mal inspirés?* On court d'abord dans la campagne, on jouit du plaisir d'aller *à son gré*. Puis, on aperçoit des fruits ou des nids d'oiseaux. Le champ du voisin a de beaux cerisiers dont les fruits sont mûrs ou à peu près; on *pille* l'arbre du voisin. Quelques pauvres pigeons *inoffensifs* voltigent dans les environs du village; on les *assaille* à grands coups de pierre et on les poursuit à travers les champs *cultivés*.

Ainsi, l'écolier paresseux est devenu *successivement* menteur, vagabond, voleur ou *destructeur* du bien d'autrui.

XLVII

Le petit Maraudeur.

Aucune mauvaise action ne reste impunie. Si Dieu n'*inflige* pas le *châtiment* tout de suite après la faute, c'est qu'il veut nous donner le temps de nous *repentir* et de la *réparer*.

Malheureusement nous ne *profitons* souvent de ce *délai* que pour nous rendre plus coupables encore.

Il y avait l'année dernière, dans une école du *canton*, un enfant de dix ans, très-paresseux et très-*mutin* qu'on appelait Jean le *maraudeur*, parce qu'il manquait *fréquemment* la classe pour aller voler des fruits. Il avait une passion pour les fruits *verts*, et les pruniers du village étaient presque tous *dévalisés* par lui.

Petit, adroit, *rusé*, il se glissait sous les arbres, cueillait d'abord ce qui était à sa portée ; puis, sûr de n'être pas vu, grimpait sur les grosses branches et s'en *donnait à cœur joie*.

Son audace s'accrut avec l'impunité. Voyant qu'il n'était jamais *surpris*, il en vint à négliger les *précautions* accoutumées, si bien qu'un certain jour, pendant qu'il était au sommet d'un prunier, le maître du verger arriva un fouet à la main.

Au bruit des pas, Jean de descendre et de s'enfuir, dévorant sans les regarder les prunes qu'il avait *dérobées*.

Soudain, il poussa un cri. On accourut; l'enfant était dans un état *déplorable;* sa langue et son *palais* étaient enflés, et la *tumeur envahissait* rapidement toute la bouche.

Il avait été piqué par une abeille cachée dans une prune à moitié mûre. On essaya, mais en vain, d'arrêter les *progrès* du mal. Jean mourut au bout de quelques heures dans des souffrances horribles.

XLVIII

L'Enfant et la Rivière.

Un pauvre fermier était à l'*agonie*, sa famille ne crut qu'il était *dange-*

reusement malade que lorsqu'il n'y avait plus d'espoir de le *sauver*.

Alors on *chargea* le petit Jeannot d'aller bien vite chercher le médecin de la ville voisine.

Jeannot part. Arrivé près d'un ruisseau, il s'arrête et s'assied. «Que fais-tu là? dit un paysan. — Je ne vois pas, répond l'enfant, de pont pour passer la rivière, et j'attends que l'eau ait cessé de couler.»

Voilà le *portrait* de ces gens qui ne savent jamais *agir*. Ils trouvent toujours des *difficultés* et n'essayent pas de les vaincre. Leur vie se passe à attendre une *occasion favorable* qui ne vient jamais.

XLIX

Le Singe et les deux Chats.

Deux chats, ayant volé un fromage, ne pouvaient *s'entendre* pour partager leur *proie*. Ils *résolurent* de *soumettre* le *différend* à un singe.

Celui-ci accepte avec plaisir leur *proposition*. Il apporte une *balance*, et place un morceau de fromage dans chaque *plateau*. « Voyons, dit-il : ah ! ce morceau est plus pesant que l'autre. » Et aussitôt il prend une bouchée énorme *sous prétexte* de rétablir l'*équilibre*. Le plateau *opposé* est alors plus lourd ; ce qui permet à l'*honnête* juge d'avaler une seconde bouchée. « Arrêtez ! arrêtez ! s'écrient les deux chats, qui commencent à s'*alarmer*, donnez-nous les deux morceaux tels qu'ils sont, et nous sommes satisfaits.

— Si vous êtes satisfaits, réplique *gravement* le singe, la justice ne l'est pas ; une affaire semblable ne saurait être jugée en si peu de temps. »

Là-dessus, il continue à mordre tantôt à un morceau, tantôt à l'autre, si bien que les pauvres chats, voyant leur fromage qui s'en allait, lui disent qu'ils ne veulent pas l'*importuner* plus longtemps et le supplient de leur donner ce qui reste.

« Pas si vite, mes amis pas si

vite, je vous prie, répond le singe; *nous nous devons justice* à nous-même aussi bien qu'à vous : ce qui reste me *revient* pour ma peine. » Il mange tout le fromage, et d'un signe *majestueux congédie* la *cour*.

L

Le Cheval et l'Ane.

En ce monde il se faut l'un l'autre *secourir :*
Si ton voisin vient à mourir,
C'est sur toi que le fardeau tombe.

Un âne accompagnait un cheval peu *courtois,*
Celui-ci ne portant que son simple *harnois,*
Et le pauvre baudet si chargé qu'il *succombe.*

Il pria le cheval de l'aider quelque peu ;
Autrement il mourrait avant qu'être à la ville.
La prière, dit-il, n'en est pas *incivile :*
Moitié de ce fardeau *ne vous sera que jeu.*
Le cheval refusa, fit une pétarade ;
Tant qu'il vit sous le *faix* mourir son camarade,
Et *reconnut* qu'il avait tort.
Du baudet en cette *aventure*,
On lui fit porter la voiture,
Et la peau par-dessus encor.

LI

La Propreté.

Enfants, lorsque vous entrez en classe, votre maître regarde si vos mains sont bien propres et si votre visage est bien lavé. Pourquoi fait-il cette *visite?* je suis sûr que vous n'avez jamais songé à vous en demander la *raison*. Je vais vous la dire.

La propreté est une *condition* de la santé. On est souvent malade, parce que la maison n'est pas bien *tenue*, parce que l'air est *vicié* par les *immondices*, ou parce que l'on n'a pas soin de se baigner chaque jour les mains et le visage dans un vase rempli d'eau fraîche.

Les maladies, les fièvres, les *epidémies* sont surtout à craindre pour ceux qui négligent les *règles élémentaires* de l'*hygiène*.

Quelle est la partie du monde la plus ravagée par les *fléaux* de toute sorte? C'est l'Orient. Et, en Europe, quels sont les lieux où le mal *sévit* de préférence ? Ce sont les *faubourgs* de nos villes, et *certains* villages.

Pourquoi ? Parce que la plupart des villes d'Orient, la plupart des faubourgs de nos villes, et beaucoup de nos villages sont des *foyers d'infection :* les maisons sont mal tenues et les habitants sont malpropres.

LII

La Méchante petite fille.

Il y avait une fois une petite fille bien méchante. Elle ne voulait écouter ni sa mère ni sa maîtresse, et, lorsqu'on lui commandait quelque chose, elle faisait la grimace ou tirait la langue.

Son plaisir était de *taquiner* ses camarades plus jeunes qu'elle, de les pincer, de jeter leurs livres par terre, de faire tomber leur pain dans la boue. Quant aux grandes, elle les laissait bien tranquilles, parce qu'elle les craignait.

Les méchants ne sont presque jamais courageux et ne *s'attaquent* qu'aux faibles.

Un jour, Suzanne, c'est le nom de cette petite fille, rencontra une pauvre femme qui marchait à grand'peine, traînant une *carriole d'osier* dans laquelle étaient couchés deux marmots recouverts de *haillons*.

De temps en temps, ils se relevaient

et criaient : « Maman, du pain ! nous avons faim.... » La mère s'arrêtait, se penchait sur eux en *murmurant* je ne sais quelles paroles et les enfants se taisaient un instant.

Suzanne avait dans son panier une grosse tartine et deux pommes qu'on lui avaient données pour son goûter. Elle pouvait secourir ces malheureux, elle ne le fit pas. Et même une mauvaise pensée lui vint qu'elle *exécuta* aussitôt.

Elle sortit ses provisions et se mit à les croquer en marchant à côté de la carriole, et en se moquant des deux enfants qui *tendaient* leurs petites mains.

Soudain, le chien des voyageurs qui suivait par derrière et qui, lui aussi, n'avait pas mangé depuis longtemps, l'aperçoit; d'un bond il est près d'elle et d'un regard *suppliant* il *implore* un peu de pain.

Suzanne n'a pas plus pitié du chien que de ses maîtres, et l'animal s'approchant trop près, elle lui donne un grand coup de pied.

Le chien se retourne *furieux* et lui saute à la gorge. Tartine et pommes roulent dans la poussière, et la petite fille était perdue, si la pauvre femme n'était pas venue à son secours.

LIII

Le Devin.

L'*avenir* nous est inconnu ; Dieu seul sait le bonheur ou le malheur qui nous attendent.

Cependant, il y a des *diseurs de bonne aventure*, de *prétendus* devins qui vont dans les *foires* et qui trompent les *pauvres gens* en leur faisant croire qu'ils savent ce qui arrivera. Ils *attrapent* leur argent et se moquent d'eux.

L'autre jour, au *marché* de la ville, j'ai vu un de ces *charlatans*. Les paysans entouraient sa *baraque* et entraient l'un après l'autre pour l'interroger.

On ne payait que deux sous. Tous sortaient *enchantés*. A l'un il avait *prédit* qu'il *gagnerait son procès;* à l'autre que sa femme malade depuis six mois serait guérie dans trois jours; à celui-ci qu'il trouverait un *trésor* dans sa cave; à celui-là qu'il aurait *sous peu* un gros *héritage*

Un fermier, plus *malin* que les autres, demanda si son fils unique aurait un bon *numéro* au prochain *tirage*.

« Il sera *exempt*, dit le devin, je sais qu'il aura le numéro 114. »

Mes enfants, le fermier n'avait pas de fils.

LIV

Les deux Renards.

Deux renards entrèrent la nuit *par surprise* dans un poulailler ; ils *étranglèrent* le coq, les poules et les poulets : après ce carnage ils apaisèrent leur faim. L'un, qui était jeune et *ardent*, voulait tout dévorer ; l'autre, qui était vieux et *avare*, voulait garder quelque *provision* pour l'avenir.

Le vieux disait : « Mon enfant, l'*expérience* m'a rendu sage ; j'ai vu bien des choses depuis que je susi au monde. Ne mangeons pas tout notre bien en un seul jour. Nous avons fait fortune ; c'est un trésor que nous avons trouvé, il faut le *ménager.* »

Le jeune répondait : « Je veux tout manger pendant que j'y suis, et me *rassasier* pour huit jours : car pour ce qui est de revenir ici, *chansons!* il n'y fera pas bon demain ; le maître, pour venger la mort de ses poules, nous *assommerait.* »

Après cette conversation, chacun *prend son parti.* Le jeune mange tant qu'il se crève, et peut à peine aller mourir dans son *terrier.* Le vieux, qui se croit bien plus sage de *modérer ses appétits* et de vivre d'*économie,* veut, le lendemain, retourner à sa proie, et est *assommé* par le maître.

Ainsi chaque âge a ses *défauts* : les jeunes gens sont *fougueux* et *insatiables* dans leurs plaisirs ; les vieux sont *incorrigibles* dans leur avarice.

LV

La Guenon, le Singe et la Noix.

Une jeune *guenon* cueillit
Une noix dans sa *coque* verte ;
Elle y porte la dent, fait la grimace.... Ah! certe,
Dit-elle, ma mère mentit
Quand elle m'assura que les noix étaient bonnes,
Puis, croyez aux *discours* de ces vieilles personnes
Qui trompent la jeunesse! Au diable soit le fruit!

Elle jette la noix. Un singe la ramasse,
Vite entre deux cailloux la casse,
L'*épluche*, la mange, et lui dit :
Votre mère eut raison, ma mie,
Les noix ont fort bon goût, mais il faut les ouvrir.
Souvenez-vous que, dans la vie,
Sans un peu de travail il n'est point de plaisir.

LVI

Respect des inférieurs.

Nous devons des *égards* à tout le monde, à nos *supérieurs*, à nos parents, aux vieillards, aux *humbles* et aux faibles.

Les serviteurs qui vivent près de nous, sous le même toit, et font partie de la maison, méritent surtout que nous les *traitions* avec respect et affection.

Je n'aime pas les enfants qui maltraitent les domestiques, qui leur disent de *vilaines* paroles, et qui semblent croire qu'ils ont été créés pour souffrir leurs *caprices*. Ce sont des enfants mal élevés et, ce qui est *pire*, des enfants sans cœur.

Et puis, je ne saurais trop vous le répéter, vous ne savez pas ce que l'avenir vous réserve. Peut-être qu'un jour, vous aussi, vous serez *réduits* à entrer au service d'*autrui*. Agissez donc à l'égard des serviteurs de la famille comme vous voudriez qu'on agît à votre égard. Parlez-leur doucement, aimez-les, faites qu'ils s'*atta-*

tchen à la maison en s'attachant à vous.

LVII

Le Rebouteur.

Les habitants des campagnes ont une foi aveugle dans ces *charlatans* qui guérissent tous les maux sans avoir *fait aucune étude*. Quelques grimaces, beaucoup d'*aplomb*, la *persuasion* qu'on ne s'apercevra pas de leur ignorance, voilà tout l'*art* de ces *imposteurs*.

Une petite fille avait été piquée au bras par une mouche *venimeuse*. Au lieu d'appeler le médecin du canton, qui était un homme instruit et *expérimenté*, mais qui ne promettait pas toujours à ses malades de les remettre en santé, on fait venir le *rebouteur*.

Il s'approche de l'enfant, secoue le bras, murmure deux ou trois mots *inintelligibles*, et après avoir dîné et reçu un *écu*, s'en va en disant : « Tout va bien ; dans la semaine elle sera guérie. »

Mais le bras enfle, et après deux jours de fièvre et de délire l'enfant succombe.

Une goutte *d'alcali* l'aurait sauvée.

LVIII

Les Amis après la mort.

Un jour un *gouverneur* d'une *île* fut *mandé* par le roi pour *rendre compte de son administration.* Après de courts *préparatifs*, il partit.

La plupart de ceux qu'il *regardait* comme ses meilleurs amis ne s'étaient pas *dérangés* pour venir le saluer une dernière fois ; ils *feignaient* même de ne pas le connaître.

Un petit nombre l'accompagnèrent jusqu'au vaisseau. Il avait été leur *bienfaiteur*, ils ne pouvaient s'empêcher de lui donner cette *faible* marque d'attachement.

Mais quelques-uns qu'il avait à peu près oubliés lui-même et dont il n'espérait guère un bon souvenir, l'accompagnèrent pendant tout son voyage et vinrent avec lui jusqu'au pied du trône. Là, ils prirent sa défense, montrèrent qu'il avait *rempli sa charge* avec bonté et justice, et le firent *rentrer en grâce* auprès du roi.

Nous sommes comme ce gouverneur; nous avons trois sortes d'amis que nous ne pouvons bien *apprécier* qu'au *moment suprême*, lorsque nous sommes appelés devant Dieu pour rendre compte de notre conduite.

Les premiers, ce sont nos biens,

notre maison, notre champ, nos *honneurs* et nos *places* qui nous quittent avec la vie et passent en d'autres mains.

Les seconds, ce sont ceux que nous avons le plus aimés, nos parents et nos *familiers ;* ils nous accompagnent jusqu'au tombeau.

Les troisièmes, ce sont nos bonnes œuvres ; elles nous accompagnent jusqu'au trône du Tout-Puissant, elles *présentent* notre défense et obtiennent le pardon de nos fautes.

LIX

Les Jeux défendus.

Chers enfants, lorsque sonne l'heure de la récréation, allez vite dans la cour. Amusez-vous bien : courez, sautez, riez.

Un peu de *mouvement* est *nécessaire* après quelques heures de travail.

Mais tous les amusements ne sont pas *permis*.

Il y a des écoliers qui ne se plaisent qu'à se pousser et à se *quereller*. Le jeu, pour eux, est une *espèce de bataille* dans laquelle *on prépare de l'ouvrage* aux pauvres mères. Quel bonheur que de se rouler dans la boue et de déchirer ses habits!

Évitez ces sots *divertissements* qui finissent toujours mal.

Évitez surtout certaines *niches* qui ont des effets plus *fâcheux* encore. N'essayez jamais de faire peur à vos camarades.

Je connais un enfant qui a depuis plusieurs années un tremblement nerveux qu'aucun remède n'a pu guérir.

Un soir qu'il sortait de l'école (on y voyait à peine, c'était pendant l'hiver), deux *grands*, cachés derrière une porte, sont sortis *soudain* en criant de toute leur force.

Le pauvre petit a *perdu connais-*

sance; on l'a porté à demi mort chez ses parents.

Que pensez-vous de ce jeu ?

LX

Les Serins et le Chardonneret.

Un *amateur* d'oiseaux avait, en grand secret,
Parmi les œufs d'une serine,
Glissé l'œuf d'un chardonneret.
La mère des serins, bien plus *tendre* que *fine*,
Ne s'en aperçut point et couva comme sien
Cet œuf qui dans peu vint à bien.
Le petit *étranger* sortant de sa *coquille*,
Des deux époux trompés reçoit les tendres soins,
Par eux traité ni plus ni moins
Que s'il était de la famille.
Couché dans le *duvet*, il dort le long du jour,
A côté des serins dont il se croit le frère,

Reçoit la *becquée* à son tour,
Et repose la nuit sous l'aile de la mère.
Chaque oisillon grandit et devenant oiseau,
D'un brillant plumage s'habille ;
Le chardonneret seul ne devient point *jonquille*,
Et ne s'en croit pas moins des serins le plus beau.
Les frères pensent tout de même :
Douce *erreur* qui toujours fait voir l'objet qu'on
[aime
Ressemblant à nous trait pour trait !
Jaloux de son bonheur, un vieux chardonneret
Vient lui dire : Il est temps enfin de vous con-
[naître ;
Ceux pour qui vous avez de si doux sentiments
Ne sont point du tout vos parents ;
C'est d'un chardonneret que le sort vous fit naître,
Vous ne fûtes jamais serin : regardez-vous ;
Vous avez le corps *fauve* et la tête *écarlate*,
Le bec.... Oui, dit l'oiseau, j'ai ce qu'il vous
Mais je n'ai point une âme ingrate, [plaira,
Et mon cœur toujours chérira
Ceux qui soignèrent mon enfance.
Si mon plumage au leur ne ressemble pas bien,
J'en suis fâché ; mais leur cœur et le mien

Ont une grande ressemblance.
Vous *prétendez* prouver que *je ne leur suis rien*,
Leurs soins me prouvent le contraire :
Rien n'est vrai comme ce qu'on sent.
Pour un oiseau reconnaissant
Un *bienfaiteur* est plus qu'un père.

LXI

L'Exemple.

Lorsque nous faisons le mal, nous sommes doublement coupables : nous offensons Dieu et nous donnons un mauvais *exemple* à nos semblables.

Il arrive souvent qu'ils se *perdent* en nous imitant.

« Mais, direz-vous, peut-être, je ne suis qu'un petit enfant, et personne ne fait attention à mes actes ou à mes paroles. Mon exemple, s'il est mauvais, n'est pas bien *dangereux.* »

Détrompez-vous. Si jeune que vous soyez, vous exercez une *influence* sur ceux qui vous entourent. Il y a parmi vos camarades des enfants de votre âge ou moins âgés que vous, qui vous regardent, qui veulent faire ce que vous faites, par esprit d'imitation ou pour paraître plus grands qu'ils ne sont.

L'autre jour, vous avez *dérobé* des noisettes dans le verger qui est à côté de l'école. C'était bien mal; je vous ai vu, et deux de vos camarades vous ont vu aussi.

Qu'est-il arrivé? un instant après, je regardais encore, et je les ai aperçus qui *pillaient* le noisetier et le prunier. Voilà les *suites* de l'exemple que vous avez donné.

LXII

Nids des oiseaux.

Une admirable *providence* se fait remarquer dans les nids d'oiseaux. On ne peut contempler sans être *attendri* cette bonté divine qui donne l'*industrie* au faible et la *prévoyance* à l'*insouciant*.

Aussitôt que les arbres ont développé leurs fleurs, mille ouvriers commencent leurs travaux. Ceux-ci portent de longues pailles dans le trou d'un vieux mur, ceux-là maçonnent des bâtiments aux fenêtres d'une église ; d'autres *dérobent* un crin à une cavale, ou le brin de laine que la brebis a laissé suspendu à la ronce.

Il y a des bûcherons qui croisent des branches dans la cime d'un arbre ; il y a des *filandières* qui recueillent la soie sur un charbon. Mille *palais* s'élèvent et chaque palais est un nid ; chaque nid voit des *métamorphoses* charmantes : un œuf brillant, ensuite un petit couvert de duvet.

Ce nourrisson prend des plumes ; sa mère lui apprend à se soulever sur sa couche. Bientôt il va jusqu'à se percher sur le bord de son berceau, d'où il *jette* un premier coup d'œil sur la nature.

Effrayé et *ravi*, il se précipite parmi ses frères qui n'ont point encore vu ce *spectacle*; mais, rappelé par la voix de ses parents, il sort une seconde fois de sa couche, et ce jeune roi des airs, qui porte encore *la couronne de l'enfance* autour de sa tête, ose déjà contempler le vaste ciel, la cime *ondoyante* des pins, et les *abîmes* de verdure au-dessous du chêne paternel.

LXIII

Les vaines frayeurs.

Il y a, dans les campagnes, une foule d'idées *superstitieuses* et de *préjugés* contre lesquels il faut vous *tenir en garde*.

Les paysans du *Midi* croient que les bois sont *hantés* par des animaux malfaisants, que personne n'a vus, mais que tout le monde redoute, et qu'on appelle les loups-garous.

Les loups-garous, disent-ils, attendent pour le dévorer le voyageur qui traverse la forêt après la chute du jour.

Les habitants de quelques *provinces* de l'*ouest* sont persuadés que les *feux follets* qui apparaissent dans le voisinage des *marais* ne sont autre chose que les ombres des morts qui s'*ébattent* dans une danse *nocturne*.

Presque partout, les gens de la campagne sont convaincus qu'il y a des *revenants*. Ils racontent des histoires *étranges* qui se sont passées en certains lieux du voisinage : ils nomment des grottes *impénétrables* habitées par ces terribles *fantômes* ; ils connaissent des maisons rendues désertes par leur *apparition*.

Enfants, il n'y a rien de vrai dans toutes ces *imaginations*.

Les loups-garous et les revenants n'existent pas. Les feux follets sont des *phénomènes naturels* très-faciles à expliquer.

Ne soyez pas *émus* par ces récits mensongers. Ce qu'on doit craindre ce sont les *périls réels*, ce sont les malfaiteurs et les animaux nuisibles. Et encore ne faut-il pas trop en avoir peur.

Un homme ferme et courageux doit voir le danger d'un œil calme, l'éviter s'il se peut, l'*affronter*, si le devoir l'ordonne, et, dans toute *circonstance*, ne pas se l'*exagérer* par de vaines frayeurs.

LXIV

Les Étoiles.

Que signifie cette *multitude* presque *innombrable* d'étoiles? La *profusion* avec laquelle la main de Dieu les a répandues sur son ouvrage fait voir qu'elles ne *coûtent rien* à sa puissance. Il en a *semé* les cieux, comme un prince *magnifique* répand l'argent *à pleines mains*, ou comme il met des *pierreries* sur son habit.

Que quelqu'un dise, tant qu'il lui plaira, que ce sont autant de mondes semblables à la terre que nous habitons ; je le suppose pour un moment : combien doit être puissant et sage celui qui fait des mondes aussi *innombrables* que les grains de sable qui couvrent le rivage des mers, et qui conduit sans peine, pendant tant de siècles, tous ces mondes *errants*, comme un berger conduit un troupeau ! Si, au contraire, ce sont seulement des *flambeaux* allumés pour luire à nos yeux, dans ce petit *globe* qu'on nomme la terre, quelle puissance que rien ne lasse, et *à qui rien ne coûte!* Quelle *profusion*, pour donner à l'homme, dans ce petit coin de l'univers, un *spectacle* si *étonnant!*

LXV

La Carpe et les Carpillons.

Prenez garde, mes fils, *côtoyez* moins le bord,
Suivez le fond de la rivière;
Craignez la *ligne meurtrière*,
Ou l'*épervier* plus dangereux encor.
C'est ainsi que parlait une carpe de *Seine*,
A de jeunes poissons qui l'écoutaient à peine.
C'était au mois d'avril, les neiges, les glaçons,
Fondus par les *zéphyrs*, descendaient des mon-
[tagnes;
Le fleuve enflé par eux s'élève à gros bouillons,
Et déborde dans les campagnes.
Ah ! ah ! criaient les carpillons,
Qu'en dis-tu, carpe *radoteuse*,
Crains-tu pour nous les *hameçons*?
Nous voilà *citoyens* de la mer orageuse;
Regarde : on ne voit plus que les eaux et le ciel,

Les arbres sont cachés sous l'onde,
Nous sommes les maîtres du monde,
C'est le *déluge* universel.
Ne croyez pas cela, répond la vieille mère ;
Pour que l'eau se retire, il ne faut qu'un instant :
Ne vous éloignez point, et de peur d'*accident*,
Suivez, suivez toujours le fond de la rivière.
Bah ! disent les poissons, tu répètes toujours
Mêmes discours.
Adieu, nous allons voir notre nouveau *domaine*.
Parlant ainsi, nos *étourdis*
Sortent tous du lit de la Seine,
Et s'en vont dans les eaux qui courent le pays.
Qu'arriva-t-il ? les eaux se retirèrent,
Et les carpillons demeurèrent ;
Bientôt ils furent pris,
Et frits.

Pourquoi quittaient-ils la rivière ?
Pourquoi ? Je le sais trop, hélas !
C'est qu'on se croit toujours plus sage que sa [mère,
C'est qu'on veut sortir de sa *sphère*,
C'est que.... C'est que.... Je ne finirais pas.

LXVI

Les mauvais Conseils.

Enfants, écoutez vos parents et vos maîtres; fermez l'oreille à tous ceux qui, sous *prétexte* de vous être agréables, vous donnent les conseils les plus mauvais.

« Quel ennui d'aller en classe! disent-ils, en *feignant* d'avoir pitié de vous. La campagne est charmante, les fleurs s'épanouissent au soleil et les oiseaux chantent gaiement.

« Pourquoi travailler, disent-ils encore, et à quoi servent ces livres et ces cahiers? Est-il besoin de tout cela pour labourer la terre ou garder les troupeaux? »

Ainsi parle quelque villageois qui a refusé d'aller à l'école, lorsqu'il était enfant, et qui est fâché que vous sachiez ce qu'il n'a pas voulu apprendre. Il *fait semblant* de vous plaindre pour vous *engager* à l'imiter.

Et cependant, chers enfants, il en est parmi ces paresseux ou ces *retardataires* d'autrefois qui *rougissent* de leur ignorance et viennent s'asseoir sur les bancs de l'école pour *réparer* le temps perdu. C'est pour eux qu'on a créé les classes d'*adultes*; c'est pour eux que votre excellent maître, n'écoutant que son courage et son bon cœur, fait le soir des leçons de lecture et d'écriture aux commençants, et donne des dictées et des problèmes aux plus avancés.

Ces cours sont suivis par de riches cultivateurs comme par de pauvres valets de ferme, par des vieillards comme par des jeunes gens. J'ai lu quelque part qu'on a vu assis à la même table, épelant dans le même livre, trois hommes d'âges bien différents, et qui avaient entre eux une ressemblance *frappante*. C'étaient le fils, le père et l'aïeul.

LXVII

L'Ignorance et la Science.

LÉGENDE DU VIEUX TEMPS.

Dans une ville de Hollande habitait un vieux savant qui, par sa science *profonde*, s'était soumis les puissances *infernales*. Il disait un mot, et tout objet lui devenait un serviteur *empressé*.

Un jour il s'absente en laissant l'ordre à son élève de laver la maison. Celui-ci avait entendu le mot du maître. Il ordonne à un bâton d'aller à la rivière lui chercher de l'eau. Le bâton part et revient avec deux seaux remplis. Au premier, au second, au troisième voyage l'enfant est *enchanté*. Mais le bâton va toujours, la salle est *inondée*, la maison va l'être, et l'enfant a oublié l'autre mot *magique*, celui qui peut arrêter ce *zèle* redoutable. De colère, il brise le bâton; les deux morceaux continuent le même *office*, le danger redouble, l'enfant est désespéré. Heureusement le maître revient et tout s'arrête.

LXVIII

Fécondité de la Terre.

C'est du sein *inépuisable* de la terre

que sort tout ce qu'il y a de plus précieux. Cette masse *informe, vile* et *grossière* prend toutes les formes les plus diverses, et elle seule devient tour à tour tous les biens que nous lui demandons : cette boue si sale se transforme en mille beaux objets qui charment les yeux ; en une seule année, elle devient branches, boutons, feuilles, fleurs, fruits et semences, pour renouveler ses *libéralités en faveur* des hommes.

Rien ne l'épuise. Plus on *déchire ses entrailles,* plus elle est *libérale.* Après tant de siècles, pendant lesquels tout est sorti d'elle, elle n'est point encore *usée :* elle ne ressent aucune vieillesse ; ses entrailles sont encore pleines des mêmes trésors. Mille *générations* ont passé dans son sein : tout vieillit excepté elle seule : elle se rajeunit chaque année au printemps.

Elle ne *manque* jamais aux hommes; mais les hommes *insensés se manquent à eux-mêmes* en négligeant de la cultiver; c'est par leur paresse et par leurs *désordres* qu'ils laissent croître les ronces et les épines en la place des vendanges et des moissons : ils se disputent un bien qu'ils laissent perdre.

LXIX

Fécondité de la Terre.

SUITE.

La terre, si elle était bien *cultivée*, *nourrirait* cent fois plus d'hommes qu'elle n'en nourrit. L'*inégalité* même des terrains, qui paraît d'abord un défaut, se tourne en ornement et en ·tilité. Les montagnes se sont élevées les vallons sont descendus en la ıce que le Seigneur leur a marquée. s diverses terres, suivant les divers pects du soleil, ont leurs *avan-ges*.

Dans ces profondes vallées, on voit

croître l'herbe fraîche pour nourrir les troupeaux ; auprès d'elles s'ouvrent de vastes campagnes *revêtues* de riches moissons.

Ici, des coteaux s'élèvent comme en *amphithéâtre* et sont *couronnés* de vignobles et d'arbres fruitiers ; là, de hautes montagnes vont porter leur front glacé jusque dans les nues, et les torrents qui en tombent sont les sources des rivières.

Les rochers, qui montrent leur cime *escarpée*, soutiennent la terre des montagnes, comme les os du corps humain en soutiennent les chairs. Cette *variété* fait le *charme* des paysages, et en même temps elle *satisfait aux divers besoins* des peuples.

LXX

Le Gland et la Citrouille.

Dieu fait bien ce qu'il fait. Sans en chercher la
En tout cet univers, et l'aller parcourant, [preuve
Dans les citrouilles je la *treuve.*
Un villageois, *considérant*
Combien ce fruit est gros et sa tige *menue :*
A quoi songeait, dit-il, l'auteur de tout cela ?
Il a bien mal placé cette citrouille-là :
Eh parbleu ! je l'aurais pendue
A l'un des chênes que voilà ;
C'eût été *justement* l'affaire :
Tel fruit, tel arbre, pour bien faire.
C'est dommage, Garo, que tu n'es point entré
Au conseil de celui que *prêche* ton curé ;
Tout en eût été mieux : car pourquoi, par
[exemple,

Le gland, qui n'est pas gros comme mon petit
Ne pend-il pas en cet endroit? [doigt,
Dieu s'est *mépris :* plus je contemple
Ces fruits ainsi placés, plus il semble à Garo
Que l'on a fait un *quiproquo*.
Cette réflexion embarrassant notre homme :
On ne dort point, dit-il, quand on a tant d'esprit.
Sous un chêne aussitôt il va prendre son *somme*.
Un gland tombe : le nez du dormeur en *pâtit*.
Il s'éveille, et, portant la main sur son visage,
Il trouve encor le gland pris au poil du menton.
Son nez *meurtri* le force à changer de langage.
Oh ! oh ! dit-il, je saigne ! et que serait-ce donc
S'il fût tombé de l'arbre une *masse* plus lourde,
Et que ce gland eût été *gourde ?*
Dieu ne l'a pas voulu : sans doute il eut raison ;
J'en vois bien à présent la cause.
En louant Dieu de toute chose,
Garo retourne à la maison.

TABLE.

FIN DE LA TABLE.

9610. — Imp. gen. de Ch. Lahure rue de Fleurus, 9, à Paris.

www.ingramcontent.com/pod-product-compliance
Ingram Content Group UK Ltd.
Pitfield, Milton Keynes, MK11 3LW, UK
UKHW012041240726
13965UKWH00003B/956

9 782013 095808